Anne van Stappen

Das kleine Übungsheft

Sei gut zu dir selbst

Aus dem Französ

Claudia Seel

Illustrationen von Jean Augagneur

TRINITY

Anne van Stappen, Ärztin und seit 20 Jahren Trainerin für Gewaltfreie Kommunikation nach Marshall B. Rosenberg, interessierte sich schon früh für die Möglichkeiten, seelische und körperliche Beschwerden mit der Energie der Liebe und des Herzens zu heilen. In der Reihe »Das kleine Übungsheft« sind von ihr mehrere Titel erschienen, darunter die Bestseller »Selbstliebe«, »Gewaltfreie Kommunikation« und »Grenzen setzen – Nein sagen«.

Die Originalausgabe ist erstmals 2016
bei Éditions Jouvence erschienen.
Titel der französischen Originalausgabe:
Petit cahier d'exercices d'écoute profonde de soi

Chemin du Guillon 20, Case 184, CH-1233 Bernex.
www.editions-jouvence.com
info@editions-jouvence.com

Umschlaggestaltung: Guter Punkt, München
Satz: Danai Afrati, München
Druck und Bindung: Pustet, Regensburg
ISBN 978-3-95550-246-1

www.die-kleinen-uebungshefte.de

> In der Tat habe ich heute viel zu tun,
> darum muss ich viel beten.
>
> Martin Luther King

Wir alle wissen, wie wichtig es ist, in schwierigen Situationen oder auch bei besonders freudigen Ereignissen jemanden zu haben, der ein offenes Ohr für uns hat und uns aufmerksam und freundlich zuhört. Trotzdem kommt es immer wieder mal vor, dass wir nirgendwo Gehör finden, obwohl wir uns so sehr danach sehnen!

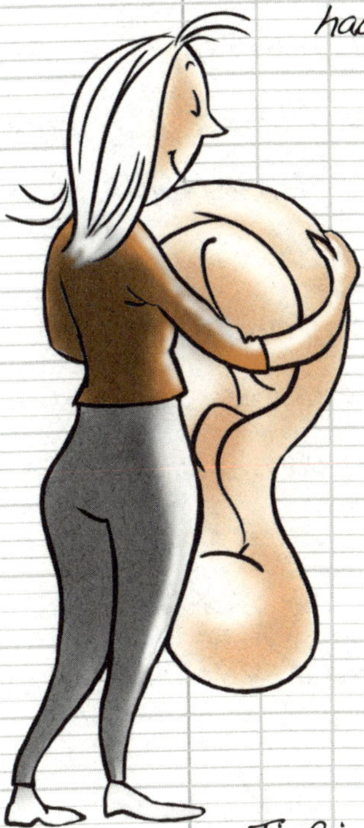

Warum dann nicht einfach selbst dieser aufmerksame Zuhörer werden, dieser hilfsbereite Freund, der stets für uns da ist?

Die Kunst, sich selbst Gehör zu schenken, ist das Thema dieses Übungshefts.

Tief in uns hineinhorchen ist eine einzigartige, unersetzliche Methode, Ordnung in unser Leben zu bringen, Prioritäten zu setzen, zu Klarheit, Bewusstheit und einem behutsamen Umgang mit uns selbst zu finden – kurz: gut zu uns selbst zu sein. Daraus ergeben sich zwangsläufig eine innere Zentrierung, angemessenes Handeln und eine freundliche Zugewandtheit gegenüber allen Menschen.

Allerdings ist es gar nicht so einfach, Momente der Begegnung mit sich selbst zu kreieren, wenn man eine Familie, einen Beruf, Verantwortung hat. Und meistens haben wir als Kind weder in der Schule noch zu Hause eine Anleitung erhalten, wie man Zugang zu sich selbst findet. Wir haben eher gelernt, stets an die Menschen in unserer Umgebung zu denken. Außerdem haben wir vielleicht zunächst Vorbehalte, in uns hineinzuhorchen, aus Angst, in der Komplexität und immensen Weite unseres Innenlebens den Boden unter den Füßen zu verlieren. Darum drücken wir uns oft davor, Aspekte unseres Lebens zu erforschen, die aus dem Lot geraten oder leidvoll sind, in der Hoffnung, dass sie sich auf wundersame Weise von selbst auflösen.

Es ist erwiesen, dass mangelnde Selbstfürsorge vielfältige Konsequenzen haben kann: Burn-out, Alkohol- und/oder Drogenmissbrauch, Depressionen, Lebensüberdruss, selbstschädigendes Verhalten, um nur einige zu nennen ... Und dennoch meinen wir oftmals, wenn wir innehalten und wahrnehmen, was in uns vorgeht, sei das Zeitverschwendung; oder wir fürchten, all das »Schlechte«, das unserer Ansicht nach in uns ist, könnte uns dann übermannen.

- Eine Kollegin musste sich wegen Rückenproblemen krankschreiben lassen, nur um am Ende zu erkennen, dass sie eigentlich einen Burn-out hatte.
- Ein Familienvater, der seine Frau abgöttisch liebte, bemühte sich so maßlos, ihr alles recht zu machen, dass der massive Druck, unter dem er dadurch stand, ihn schließlich in eine Depression trieb.
- Ein Freund gestand mir, dass ihm seine Arbeit keinen Spaß mehr machte, er aber nicht die Zeit fand, einmal in Ruhe darüber nachzudenken, woran es lag und was er tun könnte.

Lea

Die Geschichte von der achtjährigen Lea zeugt von mehr Klugheit, als viele Erwachsene gemeinhin an den Tag legen:
Als sie neben ihrem Vater die Straße entlanggeht, stößt sie plötzlich gegen eine Laterne. Gereizt ermahnt der Vater sie: »Lea, wo hast du nur deinen Kopf?«
Und Lea antwortet, als sei das ganz selbstverständlich: »Also wirklich, Papa, die konnte ich nicht sehen, ich gucke doch gerade in mich!«

In der heutigen Welt, in der alles immer schneller, komplexer und unvorhersehbarer wird, brauchen wir mehr denn je Mittel, die uns helfen, zentriert, klar und gefestigt zu sein. Wenn wir uns selbst respektieren, geht es uns besser, und das beeinflusst wiederum alle Aspekte unseres Lebens. Sehr viel gewinnen wir auch dadurch, dass wir lernen, dankbar für die Geschenke des Lebens zu sein. Allerdings wollen wir oft so produktiv und effizient sein, dass wir es nicht schaffen, innezuhalten und das, was gut läuft, voll auszukosten.

Dieses Heft möchte Ihnen Wege zeigen, mit sich selbst in Verbindung zu treten, damit Sie sich wohl in Ihrer Haut fühlen.

Bevor wir die Selbstempathie (man kann auch Selbstmitgefühl oder »sanfte, wohlwollende Selbsteinfühlung« sagen) erkunden, die in weiten Teilen aus der Gewaltfreien Kommunikation® (GFK®) hervorgegangen ist und von Marshall Rosenberg begründet wurde, möchte ich kurz erklären, wie ich die GFK® verstehe: als eine humanistische Sichtweise der Welt, die uns eine Denk- und Ausdrucksweise nahelegt, die Güte, Klarheit, Kraft, Kreativität und Freude in unser Dasein bringt.

Diese Denkweise zeichnet sich im Wesentlichen durch folgende Merkmale aus:

- Wir betrachten jeden Menschen, unabhängig von seinen Taten und Konditionierungen, als ein Wesen mit Gefühlen und »Bedürfnissen« (gleichbedeutend mit: Bestrebungen, Werten, Wünschen, Träumen).
- Wir sehen unsere eigenen Wünsche und die der anderen als gleichwertig an.
- Wir sind uns stets bewusst, dass wir glücklicher sind und unser Bestes tun, wenn unsere Bedürfnisse anerkannt und berücksichtigt werden.
- Wir ziehen die Macht *mit* anderen der Macht *über* andere vor.
- Wir sehen Gewalt als tragischen Ausdruck unerfüllter Bedürfnisse an.

Die Gewaltfreie Kommunikation lehrt uns, unsere tiefen Gefühle zu erkennen, zu spüren und sie als Ausgangspunkt zu nehmen, um herauszufinden, welche Wünsche wir haben, was wir wirklich wollen. Die GFK stellt nämlich eine direkte Verbindung zwischen unserem Erleben und unseren Bedürfnissen her: Gefühle und Empfindungen sind nicht zufällig. Ihr Ursprung liegt in unseren Bedürfnissen. Darunter fallen **physiologische** (Essen, Trinken, Schlafen, Atmen, Ausscheiden), **emotionale** (Liebe, Miteinander, Zärtlichkeit, Freude, Sicherheit usw.) ebenso wie **unsere höchsten, erhabensten Bedürfnisse** (Schönheit, Weiterentwicklung, Sinnhaftigkeit, Gemeinschaft, Authentizität, Gerechtigkeit, Altruismus ...). Und ob es uns bewusst ist oder nicht: Wir stehen jeden Morgen deswegen auf, weil wir hoffen, unsere Wünsche und/oder Träume zu erfüllen und uns den Werten anzunähern, die uns am wichtigsten sind.

Um also ein sinn- und gehaltvolles Leben führen zu können, müssen wir unsere tiefsten Wünsche kennen und dazu gehört, dass wir herausfinden, wie wir an sie herankommen können. Die GFK hilft uns dabei: Sie weist uns einen Weg des Bewusstseins, um menschlich zu wachsen, und eine Form des Gesprächs, die diesem Bewusstsein dienlich ist. Mit ihren Methoden und Kernprinzipien des zwischenmenschlichen Umgangs und mit ihrer Philosophie unterstützt sie uns darin, unsere emotionale Intelligenz zu entwickeln – ein hervorragendes Mittel zur Verbesserung unserer Beziehungen.

Da ich die Gewaltfreie Kommunikation bereits in früheren kleinen Übungsheften ausführlich dargelegt habe, beschreibe ich hier nur die Modalitäten und einzelnen Schritte des tiefen In-sich-hinein-Horchens (auch Selbsteinfühlung oder Selbstempathie genannt) und des Selbstmitgefühls, zwei wirksame Methoden, um zur Ruhe zu kommen und Zugang zur uns innewohnenden Weisheit zu finden.

In der **Selbstempathie** hören wir die Botschaften des Körpers und des Herzens, nehmen sie auf. Dann finden wir heraus, was sie uns über uns selbst sagen wollen:

über unsere Bedürfnisse, Werte oder tiefsten Wünsche. Anschließend können wir basierend auf diesen Wünschen und Bestrebungen Bitten äußern, damit sie erfüllt werden.

Zum Beispiel: Sie sind mit einem Freund verabredet, der ein bisschen unzuverlässig ist, und er versetzt Sie ohne Begründung. Statt das einfach hinzunehmen oder auf ihn zu schimpfen, können Sie Ihren Gefühlen nachgehen und in sich hineinhorchen, was sie Ihnen sagen möchten; dann können Sie versuchen, daraus Ihre Bedürfnisse* zu erkennen. Das könnte in etwa so aussehen:

1. Bin ich besorgt, weil ich gerne Gewissheit hätte, dass ihm nichts Schlimmes zugestoßen ist?
2. Bin ich enttäuscht, weil ich mich auf das Wiedersehen gefreut hatte, darauf, wieder in Kontakt zu sein und mich mit ihm unter vier Augen zu unterhalten?
3. Bin ich verärgert, weil ich das Gefühl haben möchte, dass ich ihm wichtig bin, und gerne rechtzeitig über diese Programmänderung informiert worden wäre?

*. Aus der Sicht der GFK ist ein Bedürfnis abstrakt, universal; daher wird es immer positiv formuliert und ohne andere Menschen mit einzubeziehen. Wir sollten also sagen: »Ich habe das Bedürfnis nach …« statt »Ich habe das Bedürfnis, dass du …«.

Sich mit den eigenen Gefühlen zu verbinden ist ein wertvolles Instrument, denn wenn ein Gefühl unangenehm ist, signalisiert uns das, dass unbefriedigte Bedürfnisse vorhanden sind. Und nur wenn wir diese Bedürfnisse kennen, können wir etwas tun, um sie zu erfüllen. In unserem Beispiel der versäumten Verabredung wird Ihre Reaktion oder die Bitte, die Sie äußern, ganz unterschiedlich ausfallen, je nachdem, welches Bedürfnis (1., 2. oder 3.) Sie bei sich wahrgenommen haben:

- Sie bitten um genauere Informationen, warum Ihr Freund, ohne Bescheid zu sagen, nicht zu der Verabredung erschienen ist.
- Sie vereinbaren ein weiteres Treffen und machen klar, dass es für Sie wichtig ist.
- Sie äußern den Wunsch, die Situation zu klären, und weisen darauf hin, dass Sie im Falle einer erneuten Programmänderung gerne mindestens drei Stunden vorher informiert werden möchten.

Bei einem angenehmen Erlebnis erhöht es unsere Lebensfreude, wenn wir es voll und ganz spüren.

Hier die Indikatoren, die uns anzeigen, dass unsere Selbstempathie ihre Magie voll entfaltet hat: Unangenehme Gefühlszustände – Spannung, Stress, Entmutigung, Zorn, Bitterkeit, Angst ... – verschwinden und werden nach und nach durch angenehme Zustände ersetzt: Lebendigkeit, Elan, Erleichterung, Einsatzbereitschaft, Verständnis, Nachsichtigkeit etc.

1. Die vier Schritte zur Selbstempathie (Selbsteinfühlung)

1. Ziehen Sie so neutral und sachlich wie möglich über die Situation Bilanz.
2. Machen Sie sich bewusst, was körperlich und emotional in Ihnen vorgeht, und nehmen Sie es geduldig und beharrlich wahr und an. Wenn wir uns zudem selbst als Ganzes wohlwollend annehmen, spricht man eher von Selbstmitgefühl als von Selbstempathie.

Es kann schwierig sein, immer alle Gemütszustände zu spüren und anzunehmen, denn manchmal sind uns Empfindungen gar nicht bewusst oder wir sprechen uns selbst das Recht auf bestimmte »schwierige« Gefühle wie Zorn oder Deprimiertsein ab.

3. Erkennen Sie alle Bedürfnisse in der gegebenen Situation – von der oberflächlichsten bis zur tiefsten Bedürfnisschicht – und nehmen Sie sie an. Das kann eine Weile dauern. Lassen Sie sich Zeit dafür.
4. Finden Sie heraus, durch welche Bitten oder Handlungen das eine oder andere dieser Bedürfnisse erfüllt werden könnte.
5. Nachdem Sie die vier Schritte gegangen sind, überprüfen Sie, wie Sie sich nun fühlen.

Wenn du Einfachheit praktizierst, wird dein Leben einfach!

Hier die aus meiner Erfahrung hilfreichsten Fragen, die Sie sich stellen können:

1. Wie fühle ich mich gerade? Was spüre ich körperlich und emotional?
2. Was will ich in dieser Situation, wonach strebe ich?
3. Worum kann ich mich (oder jemand anderen) bitten, um mich meinen Hauptwünschen anzunähern?
4. Wie fühle ich mich jetzt, nachdem ich auf diese Weise in mich hineingehorcht habe?

Gute Nachrichten!

- Es erfordert keine besonderen Fähigkeiten, auf diese Weise in sich hineinzuhorchen, weil schon allein die Tatsache, dass man es tut, nach und nach unser Bewusstsein entwickelt.
- Es ist faszinierend zu entdecken, wie das Empfinden unseres Körpers sich ändert, wenn wir uns selbst wie ein vertrauensvoller, neugieriger Forscher wahr- und annehmen, ohne uns unter Druck zu setzen.
- Erst wenn man zunehmend liebevolle Zuwendung für sich selbst entwickelt und freundliche Akzeptanz durch sich selbst erfahren hat, kann man auch wirklich für andere da sein.
- Wenn uns düstere Gedanken oder Urteile über uns selbst und andere überkommen, können wir sie mithilfe der Selbsteinfühlung in Bedürfnisse umwandeln. Das besänftigt und stärkt uns und lässt uns unsere Handlungsenergie (wieder) finden.

2. Einen düsteren Gedanken in Handlungspotenzial umwandeln

Mein düsterer Gedanke:

ich kann nichts & schaffe nichts alleine

Meine physischen Empfindungen:

Enge in Brust & Magen

Meine emotionalen Empfindungen:

weinen / Traurigkeit

Meine unbefriedigten Bedürfnisse, die von dem finsteren Gedanken verdeckt werden:

Anerkennung & Lob

Mögliches Handlungsfeld:

ein Schritt zur Erfüllung eines meiner Bedürfnisse

Meine neue, offenere Betrachtungsweise der Situation:

Wir sind uns bewusst,
dass das, was wir tun,
nur ein Tropfen im Ozean ist.
Aber gäbe es
diesen Tropfen nicht,
würde er im Ozean fehlen.

Mutter Teresa

Beispiel

Düsterer Gedanke: Wenn wir weiterhin so viele Einwanderer in unserem Land aufnehmen, gibt es bald nicht mehr genug Arbeit für uns Einheimische; außerdem ist es ein Ding der Unmöglichkeit, so viele Menschen mit so unterschiedlichem kulturellen Hintergrund erfolgreich zu integrieren …

Physische und emotionale Empfindungen: Angst im Bauch; Anspannung im Körper; Ungewissheit in Bezug auf die Zukunft; Frustration; Hilflosigkeit …

Bedürfnisse: Stabilität; Verständnis; Arbeitsplatzsicherheit; logischer Zusammenhang zwischen der Realität im Alltag und den politischen Entscheidungen, die getroffen werden; gesunder Menschenverstand; Erfolg …

Dadurch, dass uns unsere Bedürfnisse nun bewusst sind, eröffnet sich uns auch ein Handlungsfeld; zum Beispiel …

- **für das Bedürfnis nach Verständnis:** sich in sozialen Netzwerken klar äußern, Gruppen zum gegenseitigen Austausch kreieren;
- **für das Bedürfnis der Arbeitsplatzsicherheit:** den Regierenden konkrete Forderungen stellen;
- **für das Bedürfnis nach Erfolg:** einen Beitrag zur Integration von Einwanderern leisten.

➡ Am Ende unserer Übung in Selbsteinfühlung gelangen wir zu einem besseren Verständnis sowohl der Grenzen unserer Fähigkeit zur Toleranz als auch der Situationen, die wir zunächst als nicht akzeptabel eingeschätzt haben. So könnte unsere neue Betrachtungsweise aussehen:

Wenn ich ein Immigrant wäre, würde ich gerne von einem Land aufgenommen werden, in dem Frieden herrscht. Und als Politiker wäre dieser Zustrom von Fremden für mich eine richtig harte Nuss!

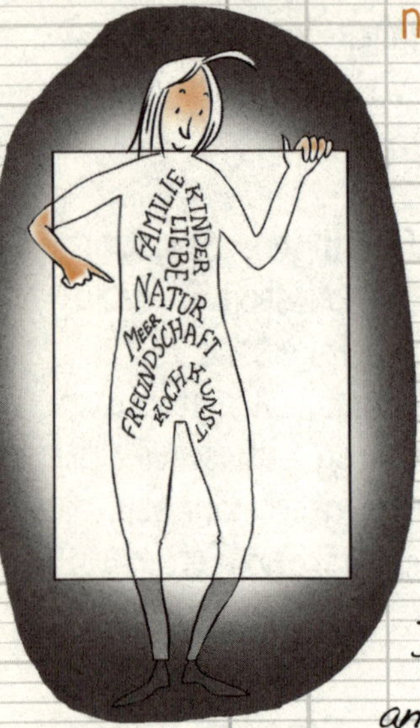

Wenn wir zulassen, dass sich unangenehme Gefühle in uns anstauen, ohne zu ergründen, woher sie wirklich kommen, und ohne nach Möglichkeiten zu suchen, sie zu transformieren, dann beeinflussen wir unsere Gesundheit und auch unsere Beziehungen negativ.

Der allgemein steigende Konsum von Antidepressiva, angstlösenden Medikamenten und Schlafmitteln zeigt, wie stark wir von **unangenehmen Gefühlen** (Angst, Hilflosigkeit, Frustration, Verzweiflung ...) heimgesucht werden, die wir auf künstlichem Wege zu dämpfen versuchen. Doch wenn wir unsere Empfindungen betäuben, bleiben unsere tiefsten Wünsche und Sehnsüchte (Lebensfreude, Vertrauen, Entspannung, Frieden ...) unerfüllt, denn wir lernen nicht, diese positiven Zustände auf eine Art und Weise herbeizuführen, die natürlich ist und uns guttut.

3. Übung: Urteile über uns oder andere in Gefühle und Bedürfnisse übersetzen

Denken Sie an eine (aktuelle oder vergangene) schwierige persönliche Situation:

....

....

Formulieren Sie ein Urteil über jemanden:

....

....

Sprechen Sie das Urteil innerlich aus und nehmen Sie sich selbst dabei achtsam wahr, scannen Sie alle Körperteile, spüren Sie Ihre Anspannungen, Schmerzen, Verkrampfungen, Beklemmungen usw. Machen Sie sich bewusst, was Sie fühlen, und notieren es:

Physische Empfindungen:

Ich fühle mich ....

....

Emotionale Empfindungen:

Ich fühle mich ....

....

Unerfüllte Bedürfnisse, die sich hinter dem Urteil verbergen:

... weil ich gerne hätte/mir wünsche, dass ....

....

....

Mögliches Handlungsfeld oder erster Schritt zur Erfüllung eines Ihrer Bedürfnisse:

....

....

Neues Verständnis der Situation:

....

....

Beispiel mit einem Urteil über andere

Urteil: Schon wieder kann ich mich nicht darauf verlassen, dass meine Kollegen Wort halten.

Empfindungen: Niedergeschlagenheit, Überdruss ...

Unbefriedigte Bedürfnisse: Vertrauen haben, meine Aufgaben so gut wie möglich erledigen, Gewissheit haben, dass ein optimales Ergebnis dabei herauskommt ...

Mögliches Handlungsfeld:

- mich daranmachen, herauszufinden, wer genau sein Wort hält und wer nicht;
- schriftlich festhalten, wer wann welche Aufgaben zu erledigen hat;
- überlegen, ob ich eine andere Arbeit finden/eine andere Dienstleistung anbieten kann;
- eine Haltung des Loslassens entwickeln, falls die Situation nicht zu ändern ist.

Neues Verständnis der Situation:

Die Betreffenden handeln möglicherweise in gutem Glauben, wenn sie die Verpflichtung übernehmen, sind aber vielleicht hinterher vom Umfang der Aufgabe überfordert und schaffen es nicht, ihre Versprechen einzuhalten.

Sobald man sich alle Bedürfnisse, die einem am wichtigsten sind, wahr- und angenommen hat, fühlt man sich erleichtert. Nun ist der Moment gekommen, herauszufinden, mit welcher Bitte oder Handlung man sie befriedigen könnte.

Beim Formulieren einer Bitte gibt es stets zwei Möglichkeiten: Entweder man richtet sie an sich selbst oder an jemand anderen. Je fortgeschrittener wir jedoch in der GFK sind, umso deutlicher erkennen wir, dass die erste Bitte, die sich herauskristallisiert, stets an uns selbst gerichtet ist: nämlich zu erkennen, welche Bitte mit der größten Wahrscheinlichkeit für andere annehmbar ist. Außerdem: Uns selbst um etwas zu bitten macht uns freier, verleiht uns mehr Herrschaft über unser Leben – selbst dann, wenn die Entscheidungen, die wir letztendlich treffen, mitunter nicht bequem sind (in unserem Beispiel könnte ein Arbeitsplatzwechsel riskant sein). Es liegt demnach bei uns, aufmerksam auf alle Teile unserer selbst zu hören, ebenso auf all unsere Bedürfnisse. Darum ist der Körper-Scan in Verbindung damit, dass man sich Zeit lässt, DER Weg, um zu einer feinen Wahrnehmung dessen zu gelangen, was uns am wichtigsten ist.

Ein Urteil, das wir über uns oder andere gefällt haben, in den darin enthaltenen Wunsch umzuwandeln befreit uns also aus unseren – manchmal automatischen, unbewussten – Teufelskreisen der Frustration, des Misstrauens, der Entmutigung, Abkapselung, Verzweiflung ...

4. Verschiedene Persönlichkeitsanteile anhören

Vielen philosophischen und spirituellen Traditionen zufolge kommen wir mit einem unveränderlichen Potenzial zur Welt, bezeichnet als unsere **wahre Natur, das Selbst** oder **die Quelle**. Dieses Selbst wird als ein Raum aufgefasst, als ein Ort gelassenen, wohlwollenden Bewusstseins, von dem aus wir die äußeren Ereignisse des Lebens ebenso beobachten können wie unser Inneres.

Leider kommt es im Lauf des Lebens mit seinen vielfältigen Prüfungen dazu, dass der Zugang zu unserem Selbst, zu unserer Quelle, schwieriger wird: durch unsere Konditionierungen, unsere Erziehung, Schutzmechanismen, falsche Überzeugungen etc. Um dieses Problem zu konkretisieren, haben etliche in der Erforschung der menschlichen Seele versierte Psychologen und Psychoanalytiker, darunter auch C. G. Jung, das Konzept von verschiedenen uns innewohnenden Persönlichkeiten – oder von Teilen, Aspekten, Teil- oder Unterpersönlichkeiten – entwickelt, die ihre jeweils eigenen Motivationen, Gedanken und Gefühle haben. Diese Persönlichkeiten können in unser Leben eingreifen und es verkomplizieren, vor allem dadurch, dass sie unser reines Bewusstsein, das Selbst, verdecken.

C. G. Jung zufolge besteht **»die größte Gefahr darin, sich mit diesen inneren Persönlichkeiten zu identifizieren«.** Marshall Rosenberg hat dazu – für didaktische Zwecke und auch, um Leichtigkeit in seine Lehren zu bringen – eine Metapher benutzt, die sich auf diese unveränderliche, allen Menschen innewohnende Quelle des Bewusstseins und des Mitgefühls bezieht: Er wählte die »Giraffe«, deren langer Hals die Fähigkeit veranschaulicht, einen distanzierten Blick, Abstand zur Situation – die Quelle von Frieden und Besonnenheit – einzunehmen. Außerdem symbolisiert das besonders große Herz der Giraffen Mitgefühl, ein Mitgefühl, das wir mithilfe der Gewaltfreien Kommunikation entwickeln können – für jeden Menschen, uns selbst eingeschlossen.*

Wir bestehen also aus einer Essenz (ein Wort, das als Synonym für Selbst, Quelle, wahre Natur, innere Giraffe, Self verwendet wird), die so rein ist wie ein Diamant, und aus Teilen oder Teilpersönlichkeiten.

* Um die Übersicht der von Marshall Rosenberg verwendeten Metaphern zu vervollständigen, sei hier noch das Konzept des »Schakals« genannt. Der Schakal wird von der GFK als Symbol für typisch menschliche Sichtweisen angesehen, die wir vor allem in der Welt des Denkens einnehmen, in der wir von unseren Emotionen, Empfindungen, Bestrebungen und mitunter sogar von unserer Handlungsfähigkeit abgeschnitten sind. In dieser Welt neigen wir dazu, die Dinge in binären Gegensatzpaaren (gut/schlecht, wahr/falsch …) zu betrachten, zu bewerten oder einzuschätzen, wer Recht oder Unrecht hat, oder auch, was »getan werden sollte« oder nicht. Aufgrund solcher festgefügten binären Gedanken und auch wegen des kritischen Geistes, der aus diesen Gedanken erwächst, lebt der Schakal mit vielen Ängsten und Spannungen. Das wiederum treibt ihn dazu, entweder zu explodieren (= bellen!) oder zu implodieren (= sich in seine Höhle zurückzuziehen …). In der GFK ist die gute Nachricht, dass der Schakal eine Giraffe ist, die nichts von sich weiß, weil sie von ihren Gefühlen und Bedürfnissen abgeschnitten ist.

Und idealerweise sollte unsere Essenz, unsere »innere Giraffe« sich wie ein wohlwollender Dirigent verhalten, der all seine Musiker in Einklang bringt, damit jeder von ihnen seinen Teil zur einzigartigen Sinfonie unserer Person beitragen kann.

Hier die Merkmale/Eigenschaften unseres Selbst oder unserer »inneren Giraffe«:

Ruhe, Mitgefühl, Verständnis, Verbundenheit,
Fähigkeit zur Zusammenarbeit, Klarheit, Vertrauen,
Zentriertheit, Flexibilität, Unerschütterlichkeit, Neugier,
Kreativität, Umsicht, Unvoreingenommenheit

Apropos Unvoreingenommenheit: Wenn man fest im Raum der oben genannten Eigenschaften verankert ist, lebt man so achtsam gegenüber dem Augenblick und mit einem so großen Vertrauen, dass man keinerlei Erwartungen in Bezug auf ein bestimmtes Ergebnis hegt. Man weiß, dass diese Art zu sein maximale Flexibilität ermöglicht und bewirkt, dass man zur Ruhe kommt und die Dinge sich lösen, wenn nötig.

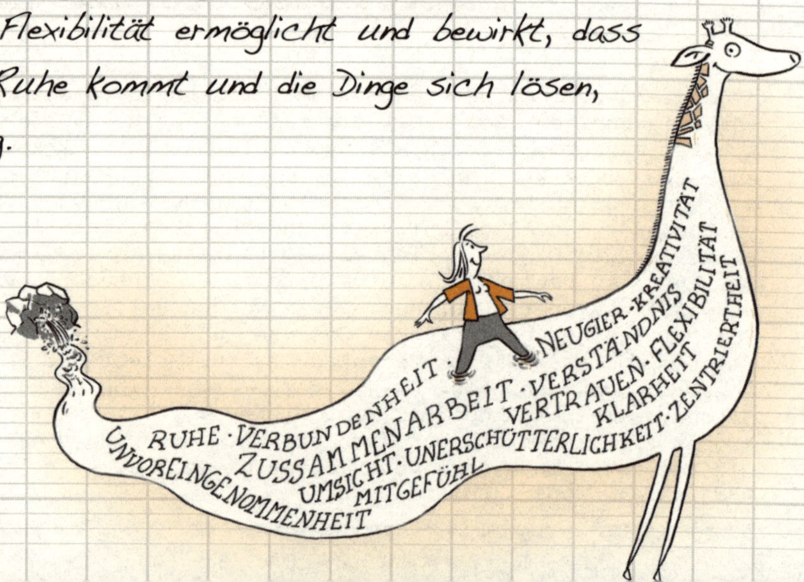

In diesem Bewusstsein ist die Quelle einfach da; sie fließt ohne bestimmtes Ziel, zu dem sie strebt. Das Hauptanliegen der Gewaltfreien Kommunikation ist, uns die Mittel an die Hand zu geben, damit wir uns (wieder) mit unserer Quelle, unserer inneren Giraffe verbinden und ihre Merkmale entwickeln können.

Unser Glück liegt darin, dass wir unsere innere Quelle maximal aktivieren.

Sei es unter dem Blickwinkel der GFK oder des Systems der Inneren Familie (IFS, von Richard Schwartz): Wir alle haben eine innere Giraffe, ein Self, ein Selbst, eine Quelle, die ein heilender Ort ist (alle diese Begriffe bezeichnen denselben Bewusstseinsraum, den wir in diesem kleinen Übungsheft entwickeln wollen). In jedem Menschen gibt es einen Kern universaler Weisheit, der unerschütterlich gelassen ist, selbst wenn an seiner Oberfläche je nach Situation unterschiedliche Aspekte zutage treten, die von Empfindungen und Emotionen geprägt sind. Diese Aspekte sind vergleichbar mit den Wellen des Meeres, die seine Oberfläche kräuseln, während das Wasser darunter ruhig bleibt.

Das Selbst in mir stärken

2007 wurden mir durch meine Begegnung mit dem System der Inneren Familie (IFS) zwei Dinge klar:

- ➡ Ich erkannte, dass ich aus vielen Persönlichkeitsanteilen bestehe. Das wiederum war der Grund, warum es mir so schwerfiel, Entscheidungen zu treffen, und warum ich mich oft in inneren Konflikten aufrieb.
- ➡ Ich begriff: Wenn ich eine Entscheidung treffen wollte, die ich hinterher nicht bereute, dann musste ich zuvor all meine Teile anhören und nicht nur den, der sich am lautesten meldete. Nur dann hätte ich die Sicherheit, alle Aspekte »meiner selbst« gehört zu haben. Seither mache ich in einer solchen Situation meine diversen Teile ausfindig und wende mich ihnen abwechselnd liebevoll zu, so lange, bis sich eine Entscheidung herauskristallisiert.

> Man trifft keine Entscheidung, man entdeckt sie!
>
> Éric Baret

Als ich zum ersten Mal beschloss, auf die Teile zu hören, die in mir im Widerstreit lagen, hatte ich schon drei Jahre mit dem Gedanken gespielt, mich von meinem Lebensgefährten zu trennen, es aber nicht in die Tat umgesetzt. Das tat keinem von uns gut, weder ihm noch mir. Daher wandte ich mich zunächst dem Teil, der noch an dieser Beziehung hing, eingehend zu, anschließend dem Teil, der seine Verpflichtungen einhalten wollte, und schließlich dem, der sich nicht mit einer

Beziehung abfinden wollte, die in zu viel Unausgesprochenem dahinsiechte. Ich habe lange jenen Teil angehört, der bestrebt war, das Problem gemeinsam zu lösen. Und ich habe den Teil beruhigt, der Angst vor dem Alleinsein hatte. Das hat mich Zeit gekostet. Doch sobald meine Entscheidung feststand, habe ich mich an sie gehalten und es nie bereut – denn sie basierte darauf, dass ich alle Teile, die »mich« ausmachen, erkannt und mich liebevoll mit ihnen befasst habe. Beim Entwirren der verschiedenen Teile gilt es zu lernen, das, was im eigenen Inneren vorgeht, zu beobachten, ohne sich damit zu identifizieren: **Wenn es uns gelingt, auch nur drei Prozent unserer inneren Giraffe zu aktivieren, die unsere Teile wohlwollend betrachten, können wir schon durch diese kleine innere Distanz einen Prozess in Gang bringen, in dessen Verlauf wir »selbst« durch das »Selbst« geheilt werden.**

Während ich in mich hineinhorche, stelle ich gern Figuren auf dem Boden auf oder lege Zettel aus, auf denen jeweils ein Satz oder ein Name steht, der einen bestimmten Teil repräsentiert (die Perfektionistin, die Ängstliche, die Verschlossene, die Heilige …). Es geht darum, dass wir unsere Teile sehen und lieben lernen, damit wir uns von ihnen lösen können, sodass sie unser Leben nicht mehr steuern. Es macht einen großen Unterschied, wenn das Selbst die Führung unseres Lebens übernimmt und nicht mehr der eine oder andere unserer Teile.

Unsere inneren Teile mit Distanz und liebevoller Zuwendung zu betrachten führt zur Heilung. Doch während wir uns unsere Teile visuell vorstellen können, gilt dies nicht für das Selbst, denn es ist unsichtbar. Das verleitet uns oft zu der Annahme, der eine oder andere unserer Teile sei alles, was wir sind, sodass wir unser Selbst überhaupt nicht mehr wahrnehmen! Und unser Leben verkompliziert sich, wenn wir vergessen, dass einer unserer Teile eben nur ein Teil ist und nicht unsere wahre tiefe Natur.

Richard Schwartz

Wenn wir eingehend auf unser Selbst hören, entdecken wir ein unersetzliches Geschenk: die Fähigkeit, uns selbst zu lieben.

Während einige unserer Anteile leicht zu entdecken sind und sich problemlos eröffnen, gibt es andere, die schwieriger auszumachen sind, die verletzt sind, Angst haben, sich gar als unzulänglich oder nicht gesund empfinden. Mit solchen Anteilen müssen wir sehr geduldig sein.

Wenn unsere verletzten Anteile sich verstanden und gewürdigt fühlen, können sie sich allmählich von ihrem Leid erholen und gesund werden. Dadurch haben wir mehr Energie für eine bessere Lebensqualität zur Verfügung.

Wenn wir uns klarmachen, wie all unsere verschiedenen Anteile zu unserem Wohlbefinden beitragen, stehen diese immer weniger unter Anspannung, denn sie haben nicht mehr das Gefühl, als Hemmnisse betrachtet zu werden.

Dagegen kostet es uns viel Energie, Anteile zu unterdrücken. Wir tun dies aus verschiedenen Gründen, zum Beispiel, weil einer unserer Anteile der Ansicht ist, dass ihm ein anderer Anteil das Leben vergällt, oder weil in unserer inneren Familie – wie in einer echten Familie – bestimmten Anteilen mehr Wert und Aufmerksamkeit zugemessen wird als anderen.

Beispiel
Wenn ein Junge dazu erzogen worden ist, sich stark zu zeigen, wird er recht viel Zeit darauf verwenden, seinen Körper und/oder seinen Charakter entsprechend zu formen, auf Kosten seiner Verletzlichkeit, die er tief in seinem Innern verbirgt.

Glücklicherweise können wir nach und nach lernen, all unsere Anteile wahr- und anzunehmen, einschließlich des Anteils, der nicht in der Lage ist, einen anderen unserer Anteile zu akzeptieren.

Hier ein kleines Aufwärmtraining, um Ihre Anteile zu entwirren und deren jeweilige Gefühle und Bedürfnisse herauszufinden. Stellen Sie sich vor, es sei schon spät, wenn Sie dieses Heft lesen, und dennoch wird Ihnen noch eine Übung vorgeschlagen.

- Einer Ihrer Anteile könnte neugierig sein und Lust haben, etwas Neues herauszufinden.
- Ein Anteil könnte müde sein und seine Ruhe haben wollen.
- Ein Anteil könnte ungeduldig darauf aus sein, dass Sie etwas für Ihre persönliche Entwicklung tun.
- Ein Anteil könnte sich bei der Vorstellung einer weiteren Verpflichtung ärgern und sich vor allem etwas Leichtes, Vergnügliches wünschen, keine Gehirngymnastik.

So geht's:

Notieren Sie die konkreten Gegebenheiten Ihrer Situation in diesem Moment (Uhrzeit, Ihr Energielevel, zur Verfügung stehende Zeit etc.):

....

....

....

Ergänzen Sie diese Sätze:

Ein Teil von mir fühlt sich ....

weil er gerne hätte, dass ....

Ein Teil von mir fühlt sich ....

weil er gerne hätte, dass ....

Ein Teil von mir fühlt sich ....

weil er gerne hätte, dass ....

Lassen Sie sich Zeit, all Ihre Teile mit ihren jeweiligen Gefühlen und Wünschen wahr- und anzunehmen, ohne etwas Bestimmtes zu erwarten und ohne zu urteilen (wenn nötig, stellen Sie sich vor Ihrem geistigen Auge vor, die Teile würden vor Ihnen im Halbkreis sitzen, oder Sie schreiben sie auf Zettel, die Sie vor sich auf den Tisch legen).

Schreiben Sie auf, wie Sie sich fühlen, nachdem Sie Ihre Anteile auf diese Weise wahr- und angenommen haben:

....

....

....

Was können wir konkret tun, um zu lernen, alles, was wir sind, in unser Herz aufzunehmen?

(Hinweis: Wenn Ihnen diese Übung zu schwierig erscheint, machen Sie sich zunächst mit den Grundlagen vertraut, indem Sie mein kleines Übungsheft »Gewaltfreie Kommunikation« lesen.)

➡ *Wenn Sie das nächste Mal in einer schwierigen Situation sind, nehmen Sie sich die Zeit, wirklich in sich hineinzuhorchen.*

➡ *Hören Sie zu, was der erste Ihrer Anteile, der sich meldet, sagt, und verbinden Sie sich mitfühlend mit dem, was er durchlebt und fühlt. Versuchen Sie herauszufinden, welche Bedürfnisse er hat, bis Sie spüren, dass das momentane Unbehagen sich legt. Sobald die Bedürfnisse eines Anteils gefunden und von ganzem Herzen angenommen worden sind, beruhigt er sich. Geschieht das nicht, liegt es entweder daran, dass sich hinter den bereits erkannten Bedürfnissen noch weitere verbergen, oder aber daran, dass Sie den betreffenden Teil nur mit dem Verstand erfasst und angenommen haben, nicht aber mit dem Herzen.*

Wichtig ist, sich im Herzen von diesem Anteil berühren zu lassen. Je mehr er in seiner wohlwollenden Absicht anerkannt wird, umso eher wird er zur Ruhe kommen und offen für Veränderung sein.

»Es ist leichter, Klarheit in die Aussagen Ihrer verschiedenen Anteile zu bringen, wenn diese sich laut äußern. Sprechen Sie also, wenn möglich, laut im Namen jedes Teils.«

Isabelle Padovani

Nehmen Sie sich genügend Zeit, um jedem Anteil in Ruhe zuzuhören, und vermeiden Sie es, von einem zum anderen zu springen. Falls zu viele Gedanken oder Gefühle auf einmal auf Sie einströmen, nehmen Sie es einfach zur Kenntnis, ohne näher auf sie einzugehen; dadurch können Sie Ihre volle Aufmerksamkeit leichter dem Teil zuwenden, dem Sie gerade zuhören.

➡ Überprüfen Sie, ob der Teil, auf den Sie sich gerade konzentrieren, den Eindruck hat, dass Sie ihm gut zuhören, und was er empfindet, wenn er angehört wird. Um eine Verbindung zu ihm herzustellen und ihn kennenzulernen, kann es hilfreich sein, ihn zunächst darum zu bitten, etwas über sich zu erzählen, sein Alter zu nennen etc. Machen Sie sich bewusst, welche Gefühle Sie (= Ihr Prozentsatz der »inneren Giraffe«) ihm gegenüber hegen.

Achtung!

Wenn Sie unangenehme Gefühle haben, dann ist nicht Ihr Selbst am Ruder, sondern ein anderer Teil von Ihnen hat die Kontrolle übernommen!
Die innere Giraffe ist nämlich frei von Erwartungen und hat deswegen auch keine unliebsamen Gefühle. Wenn Sie also ein solches Gefühl ausfindig machen, benennen Sie es einfach und lösen diesen Teil behutsam von Ihrem Selbst.
Nach und nach werden Sie sich daran gewöhnen zu sagen: »Ein Teil von mir ist zornig« oder »Ein Teil von mir ist gestresst«, und erfahren, wie viel hilfreicher das ist, als zu sagen: »Ich bin wütend!« oder »Ich bin gestresst«.

Solange ein Teil Sie gänzlich vereinnahmt, haben Sie nicht die geringste Macht über Ihren inneren Zustand. Sobald es Ihnen jedoch gelingt, Abstand zu gewinnen, öffnet sich ein zentrierter, stiller Raum in Ihnen. Diesen Raum, in dem Sie immer mehr dessen gewahr werden, was in Ihnen vorgeht, können Sie peu à peu erweitern. Das ist das Ziel dieser Übung.

Hinweis

Unsere verletzlichsten inneren Anteile werden häufig von Wächtern geschützt, die eine Art Schutzschild bilden und sich insofern sehr verdienstvoll verhalten, als sie alles tun, um Leid von uns fernzuhalten. Allein für diese Anstrengung sollten wir sie anerkennen und würdigen.

Richard Schwartz zufolge konstruieren wir im Lauf unseres Lebens in uns so etwas wie eine innere Familie, deren Mitglieder unsere Anteile sind. Da unter ihnen ein empfindliches Gleichgewicht herrscht, ist es – unabhängig davon, was wir ändern möchten – wichtig, immer behutsam mit allen Teilen umzugehen.

Paul Watzlawick verwendet hier die Metapher der beiden Segler. Beide sitzen in einem Boot jeweils auf einer Seite. Wenn einer der Segler sich bewegt, ohne sich vorher mit dem anderen abzustimmen, besteht die Gefahr, dass er das Boot zum Kentern bringt. Es ist also angezeigt, einen Kapitän zu haben, der solche Bewegungen koordiniert. Dieser Kapitän ist unsere »innere Giraffe«, die mitunter alle Hände voll zu tun hat, denn unser Denken setzt uns unter Druck, schnell ein Ergebnis zu erzielen ... Das Selbst hingegen hegt keine Erwartungen – noch nicht einmal die, sein eigenes Wohlbefinden zu verbessern.

Übung

Wählen Sie eine Situation aus, in der Sie zwiegespalten sind:

A. Ein Teil ist organisiert, plant und strukturiert gerne.
B. Ein Teil lebt gerne in den Tag hinein und mag Unvorhergesehenes.

Welches sind die Bedürfnisse Ihres organisierten Teils?

....

Welches sind die Bedürfnisse des Teils in Ihnen, der sich gerne überraschen lässt?

....

....

Mögliche Antworten:
Teil A: Sicherheit, Zielgerichtetheit, optimale Zeitausnutzung, präzises Timing, Klarheit, Verantwortung …
Teil B: Entspannung, auf die eigenen Fähigkeiten vertrauen, Kreativität, sich vom Augenblick inspirieren lassen …

Ihre verschiedenen Anteile erkennen und deren jeweilige Bedürfnisse bei einer schwierigen Entscheidung wertschätzen

➙ Nennen Sie eine Entscheidung, die Ihnen schwerfällt.

➙ Hören Sie in sich hinein und auf den ersten Teil, der sich meldet. Hören Sie ihm wohlwollend zu, finden Sie heraus, inwiefern er dazu beitragen will, dass es Ihnen gut geht, selbst wenn die Art und Weise, wie er das tut, Ihnen Probleme bereitet.

➙ Verfahren Sie ebenso mit den anderen Teilen, die Sie in sich entdecken. Diese Entflechtung der verschiedenen Anteile und die folgende Wertschätzung für jeden einzelnen von ihnen führen allmählich zu innerer Entspannung und Zentrierung und bringen Sie ins Gleichgewicht.

→ Fragen Sie jeden Teil, nachdem Sie ihn angehört haben, ob er von der Existenz der anderen Teile weiß, ob ihm deren Bedürfnisse, Werte und Bemühungen bewusst sind. Wenn nicht, stellen Sie ihm die anderen so vor, als würden Sie Freunde von Ihnen miteinander bekannt machen. Sorgen Sie dafür, dass sie miteinander ins Gespräch kommen und begreifen, was die anderen bewegt. Gehen Sie auf diese Weise alle betroffenen Teile hintereinander durch. Sobald die widerstreitenden Teile die jeweiligen Bedürfnisse der anderen erkannt haben, stellt sich Gelassenheit ein und es findet sich leichter eine Lösung. Wenn es Ihnen gelingt, dass alle Teile sich wohlfühlen und untereinander wirklich verstehen, kommt es unweigerlich zu einer Beruhigung und Versöhnung. Wichtig ist, den Teilen von ganzem Herzen zuzuhören in dem Bewusstsein, dass jeder versucht, seine speziellen Bedürfnisse zu erfüllen.

→ Suchen Sie nun nach einer Lösungsstrategie, die allen Teilen dienlich ist. Hier gilt es, einen Konsens (eine kreative, positive Lösung für jeden Teil) zu finden – keinen Kompromiss (bei dem bestimmte Teile sich opfern)!

→ Feiern Sie, dass Ihnen so etwas Wunderbares gelungen ist!

Das, was uns zu schaffen macht, ist die Unfähigkeit, uns mit unserem Selbst zu verbinden und unsere tiefsten Bedürfnisse zu respektieren.

Hilfreiche Tipps für die Umsetzung

Die Arbeit mit den Anteilen ist ein Prozess, der sich schrittweise vollzieht und bei dem die Zeit Ihre Verbündete ist.

- Beginnen Sie damit, dass Sie Ihre Aufmerksamkeit dem Teil zuwenden, der am lautesten schreit. Vor allem wenn Sie einen Ihrer Teile lange vernachlässigt haben, möchte er die Aufmerksamkeit, die ihm bisher gefehlt hat, nachholen. Nehmen Sie sich die Zeit, ihm zuzuhören, ohne ein bestimmtes Ergebnis zu erwarten.
- Selbst wenn das Verhalten des einen oder anderen Teils Ihnen schwierig erscheint: Alle Teile wollen Ihr Bestes.
- Unter Umständen fühlen Sie sich zwischen den Bedürfnissen Ihrer verschiedenen Teile hin- und hergerissen. Es erfordert Geduld, zu spüren, was in dem Moment am besten für Sie ist, ohne dass Sie Ihren Ängsten, Gewohnheiten, fixen Ideen oder Ihrem Wunsch nach einer schnellen Lösung nachgeben.

- Spannungen entstehen, wenn einer Ihrer Teile die Oberhand gewinnt oder sogar versucht, sich als das Selbst auszugeben. Das Selbst ist jedoch grundsätzlich entspannt. Wenn Sie also etwas Unangenehmes spüren, ist es immer die Äußerung eines Anteils.

- Jede unangenehme Empfindung oder Emotion, jeder wiederkehrende Gedanke ist die Äußerung innerer Anteile.
- Wenn verschiedene Gedanken Ähnliches aussagen, sind Sie möglicherweise der Ausdruck ein und desselben Teils. Um zu klären, ob das der Fall ist, können Sie sich auf die jeweils damit einhergehenden Empfindungen, Bilder und inneren Stimmen stützen.
- Wenn Sie einen Ihrer Teile von Ihrem Selbst »lösen«, beobachten Sie sorgfältig, wie die anderen reagieren.
- Oft kommt es vor, dass Anteile in der Vergangenheit »festhängen«, ohne zu merken, dass Sie sich weiterentwickelt haben. Fürchtet sich zum Beispiel ein Teil vor Kritik, dann ist er vielleicht in der Kindheit »stehen geblieben«, und ihm ist nicht bewusst, dass Sie seither viele Fähigkeiten entwickelt haben.

5. Alle unsere Bedürfnisse entdecken

Viele menschliche Bedürfnisse tendieren von Natur aus zum Egozentrismus, das heißt, sie sind ichbezogen – ohne das hier negativ zu bewerten.

Einige unserer Bedürfnisse sind **ichbezogen** in dem Sinne, dass sie Ausdruck einer bestimmten Erwartung an jemand anderen sind (Rücksicht, Verständnis, Anerkennung, Hilfe ...), andere sind **physische Bedürfnisse** (essen, atmen, schlafen ...) und wieder andere sind **Bedürfnisse auf der Bewusstseinsebene,** wie Selbstverwirklichung und Transzendenz (einen Beitrag zum Leben leisten, lernen, etwas Schönes erschaffen). Uns geht es hier um Letztere. Diese Bedürfnisse nach innerem Wachstum entsprechen insofern Bewusstseinsqualitäten, als sie **von einem Dienst am Lebenden, einem erhabenen Wert, einem Streben nach Höherem zeugen.**

Normalerweise haben wir keine Probleme mit unseren verschiedenen Bedürfnisebenen, solange wir nicht – weil wir uns selbst nicht gut genug kennen – unsere egoistischen Bedürfnisse mit unseren tiefsten Wünschen nach Selbstverwirklichung verwechseln. Im letzteren Fall rücken unsere Träume in weite Ferne, obwohl wir ihnen doch eigentlich näher kommen wollten. Daher ist es wichtig, dass wir uns darüber klar werden, welcher Wunsch nach innerem Wachstum unseren unerfüllten oder egoistischen Bedürfnissen zugrunde liegt.

So äußern sich Wachstumsbedürfnisse:

1. Sie lassen uns vor Begeisterung übersprudeln, verleihen uns Schwung, sprechen von unseren Träumen, unserem Wünschen und Streben.
2. Diese Bedürfnisse sind anspornend und motivierend in dem Sinne, dass sie uns und unsere Umgebung inspirieren und anregen, was unsere Chancen, gehört zu werden, erheblich steigert … Zum Beispiel: »Ich habe das Bedürfnis, etwas Schönes zu kreieren.«

3. Sie beziehen nur uns selbst mit ein; andere Menschen sind nicht mit im Bild, auch nicht implizit. So unterscheidet sich zum Beispiel »Ich habe das Bedürfnis, mein Bestes zu geben, und das schaffe ich besser in Ruhe« deutlich von »Ich will Ruhe haben«, in dem mitschwingt »Ruhe vor dir«.

All unsere Bedürfnisse haben voll und ganz das Recht, von uns wohlwollend und rücksichtsvoll wahr- und angenommen zu werden.

Doch je mehr wir lernen, wieder mit unseren Wachstumsbedürfnissen in Verbindung zu treten und zu äußern, was wir wirklich wollen, umso überzeugender und inspirierender für andere können wir dies auch nach außen transportieren. Zum Beispiel: **»Mir liegt sehr viel daran, meine Arbeit so gut wie möglich zu erledigen.«** Ichbezogene Bedürfnisse dagegen kommen tendenziell als verkappte Vorwürfe daher: So klingt zum Beispiel ein »Ich will, dass man Rücksicht auf mich nimmt« schnell nach »Du nimmst keine Rücksicht auf mich«.

Bedürfnisse nach Selbstverwirklichung und Transzendenz tragen wir alle in uns, doch sie sind oft unter ichbezogenen Bedürfnissen verborgen.

Übung:

Denken Sie an eine Situation, in der es Ihnen an etwas mangelte oder die frustrierend für Sie war.

1. Konkrete Begebenheit:

....

2. Ihre Gedanken:

....

3. Ihre Empfindungen:

....

4. Ihre Gefühle:

....

5. Ihre Bedürfnisse:

....

Beispiel
Konkrete Begebenheit: Mein Mann hat den ganzen Tag Fußball geguckt!
Gedanke: Unsere Beziehung ist ihm völlig schnurz!
Empfindungen und Gefühle: Niedergeschlagenheit, Traurigkeit, Ärger.
Bedürfnisse: Aufmerksamkeit, menschliche Wärme, Nähe …

Ausgehend von den Bedürfnissen, die Sie ausfindig gemacht haben, welche auch immer es sind, fragen Sie sich nun:

6. Wenn dieses Bedürfnis erfüllt wird, was ist daran für mich befriedigend? Was geht dann in mir vor?
Nehmen Sie sich die Zeit, nicht nur die spontane erste Antwort auf die Frage wahrzunehmen, sondern immer tiefer in sich hineinzuhorchen und so die Antwort immer weiter zu präzisieren.

....

....

....

Von Antwort zu Antwort vertieft sich etwas, so lange, bis es Ihnen möglich ist, sich mit einem tiefen, inspirierenden Bedürfnis zu verbinden (das gelegentlich ein ganzer Satz werden kann). Wenn Sie sich in diesem Moment anderen mitteilen, tun Sie das mit einem solchen Elan, dass Ihre Umgebung Sie gern dabei unterstützen wird, dieses Bedürfnis zu befriedigen.

Und das kann im obigen Beispiel bei Punkt 6 herauskommen:

➙ **Gespürte Bedürfnisse:** Miteinander, Vertrautheit, Entspannung, Sicherheit in der Beziehung ...

➙ **Zugrunde liegende Wachstumsbedürfnisse:** Selbstverwirklichung, stärkere Entfaltung in der Beziehung, Sinnhaftigkeit Ihrer Lebensentscheidung, Ihr Potenzial voll ausschöpfen ...

→ Wenn man sich auf der Ebene der Wachstumsbedürfnisse bzw. der Bewusstseinsqualitäten befindet, spürt man das körperlich in Form eines genussvollen inneren JA.

Dann ist man bereit für die letzte Etappe:

Denken Sie sich eine Bitte aus, die Sie an sich selbst oder an jemand anderen richten wollen. Denken Sie daran, dass sie einem inneren Ort der Fülle entspringt und nicht einer Energie des Klagens. Sie geht aus einem tiefen Wunsch hervor, nicht aus einem Vorwurf oder einer Forderung.

Ihre Energie ist vergleichbar mit der des Weihnachtsmanns, der die Geschenke bringt, die unter den Christbaum gelegt werden.

So schwierig die Suche nach unseren tiefsten inneren Wünschen uns zunächst erscheinen mag, was sich dabei herauskristallisiert ist unser Selbst, unsere spirituelle Essenz. Wir lernen auf diesem Weg, Distanz zu gewinnen gegenüber unhinterfragten festen Überzeugungen, ich-bezogenen Bedürfnissen und unserem Anspruch, andere »sollten« unsere Wünsche erraten und sie erfüllen. Und das ist ungeheuer befreiend.

Durch diesen Bewusstwerdungsprozess treten wir aus unserer Opferrolle heraus und ermöglichen die Entfaltung unseres Selbst bzw. unserer »inneren Giraffe«.

Um zur konkreten Beziehungsebene zurückzukehren: Was vor allem zählt, ist das, was in uns vorgeht. Denken wir, der andere sei im Unrecht oder er müsse uns dieses oder jenes geben? Oder verbinden wir uns einfach innerlich mit unserem momentanen Wunsch, ohne jemanden zu beschuldigen oder etwas von ihm zu erwarten – noch nicht einmal in unseren Gedanken?

Noch ein Hinweis: Da realistischerweise nicht immer jedes Bedürfnis befriedigt werden kann, ist es sinnvoll, dass wir in uns einen Ort entwickeln, an dem wir uns so fühlen können, als sei das, was wir wollen, schon verwirklicht. Das bringt uns dazu, zu praktizieren, wie sich verschiedene Bewusstseinsqualitäten »anfühlen«.

6. Bewusstseinsqualitäten erkennen und fühlen

- Erinnern Sie sich an einen Moment Ihres Lebens, in dem ein bis dahin unerfülltes Bedürfnis endlich befriedigt wurde. Lassen Sie diesen Moment und dieses Bedürfnis vor Ihrem inneren Auge wieder gegenwärtig werden.
- Machen Sie sich ein genaues Bild davon, was dieses Bedürfnis für Sie bedeutet.
- Tauchen Sie in die Erinnerung ein, indem Sie sich fragen: »Was empfinde ich körperlich, wenn dieses Bedürfnis befriedigt ist? Was emotional?«
- Spüren Sie Ihre Empfindungen und Gefühle, als sei das Bedürfnis jetzt erfüllt.

Zu Beginn dieser Praxis kann es sein, dass man die Gefühle und Erfahrungen eher beschreibt als spürt. Wichtig ist, dass Sie nach und nach das, was Sie im Zusammenhang mit dem betreffenden erfüllten Bedürfnis fühlen, in Ihr Inneres ausstrahlen lassen. Durch die Neuroplastizität des Gehirns ist es möglich, mithilfe dieser Übung neue neuronale Verbindungen der Freude und des Wohlbefindens herzustellen, und zwar dadurch, dass die betreffende Bewusstseinsqualität sich immer mehr entfaltet.

Achtung! Verlieren Sie sich nicht in nostalgischen Gedanken über den Moment in der Vergangenheit, in dem dieses Bedürfnis gestillt wurde! Es hilft, wenn Sie auf einem Blatt Papier notieren: »Ich hätte gerne …« (A) und auf einem weiteren Blatt die »gewünschte Bewusstseinsqualität« (B).

Legen Sie anschließend die Blätter auf den Boden. Stellen Sie sich auf **A** und spüren Sie kurz den Mangel. Stellen Sie sich dann auf **B** und spüren Sie so lange wie möglich das Gefühl der aufgeschriebenen Qualität, als seien Sie vollkommen von ihr durchdrungen.

Das, was man fühlt, auf ein Blatt Papier zu schreiben erzeugt eine entsprechende Energie!

Durch diese Übung verändern Sie Ihre Nervenbahnen – jetzt bestimmen Sie, wie Sie sich fühlen!

Beispiel:
A: Ich vermisse menschliche Wärme und Vertrautheit.
B: Ich spüre Vertrautheit und Herzlichkeit.

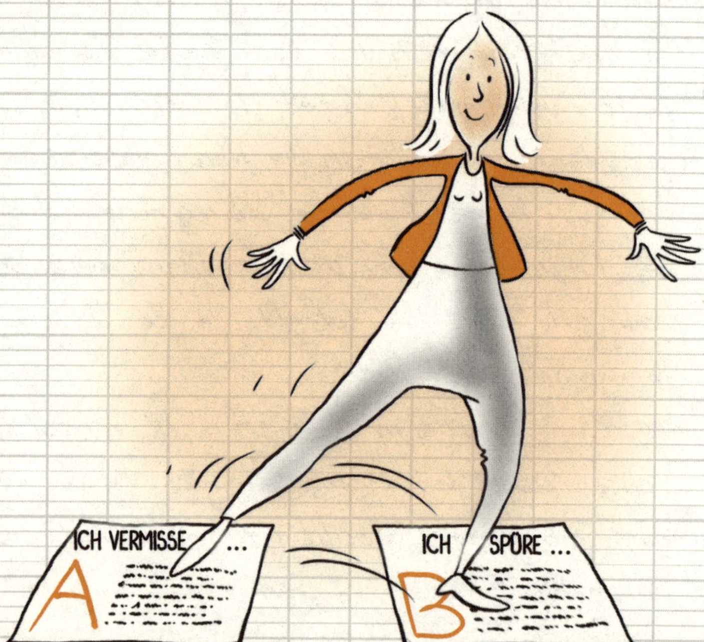

7. Einen »Fehler« annehmen, mit dem man sich schwer abfinden kann

Das Wort »Fehler« wird in der Gewaltfreien Kommunikation nicht gern verwendet, denn man betrachtet jedes Handeln, selbst wenn es »falsch« ist, lieber als ungeschickten Ausdruck von Gefühlen und Bedürfnissen, die man zu befriedigen versucht – und auch als eine wunderbare Gelegenheit zu lernen.

Denken Sie trotzdem jetzt an einen Ihrer »Fehler«, mit dem Sie sich nicht anfreunden können.

Beispiel eines Vaters: Ich habe meinen Sohn angeschrien und ihn einen Nichtsnutz genannt; jetzt spricht er nicht mehr mit mir.

Gehen Sie nun Ihren Gefühlen im Anschluss an dieses Vorkommnis und den zugrunde liegenden unbefriedigten Bedürfnissen nach. Betrachten Sie sie mitfühlend.

....

....

(In unserem Beispiel könnte sich der Vater sagen: *Ich fühle mich traurig, weil mein Bedürfnis nach Verbundenheit, Gelassenheit und Selbstbeherrschung unerfüllt ist.*)

....

....

Welche Bedürfnisse wollten Sie durch dieses Verhalten befriedigen und was fühlen Sie, wenn Sie darüber nachdenken? Nehmen Sie alles, was kommt, mit Freundlichkeit wahr und an.

(Beispiel: *Ich habe versucht, meiner Vaterrolle gerecht zu werden, Grenzen zu setzen, ihn zu einer Reaktion zu bringen, eigentlich: ihm Werte zu vermitteln … Und es berührt mich zu erkennen, dass ich diese Bedürfnisse hatte.*)

....

....

Überlegen Sie, ob die Bedürfnisse, die Sie erfüllen wollten, bei anderen Gelegenheiten befriedigt worden sind, und wenn ja, auf welche Weise. Schreiben Sie es hier auf.

....

....

(Beispiel: *Wenn ich erst etwas sage, nachdem ich mir die Zeit genommen habe, mir über die Dinge klar zu werden, bewahre ich leichter die Ruhe.*)

....

....

Wenn Ihnen keine Gelegenheit einfällt, überlegen Sie sich eine Strategie, die Ihnen helfen könnte, die Bedürfnisse zu befriedigen. Seien Sie kreativ!

....

....

(Beispiel: *Ich könnte schriftlich einige Gesprächsformulierungen vorbereiten oder meine Frau bitten, dass wir zu zweit herausfinden, wie ich mich konstruktiver ausdrücken kann.*)

....

....

8. Sich von einer Abhängigkeit befreien

Ursprünge und Erklärungen:

Nach einem oder mehreren traumatisierenden Erlebnissen in unserer Kindheit, bei denen bestimmte wichtige Bedürfnisse unbefriedigt geblieben sind, fühlen wir uns möglicherweise so verletzt, dass wir nicht mehr in der Lage sind, mit bestimmten Situationen und/oder ihren Konsequenzen gut umzugehen. Das beeinträchtigt dann einen Anteil unserer Psyche, der dauerhaft auf dem Stand bleibt, auf dem er zur Zeit der traumatischen Erfahrung war, und in der Folge bilden sich Strukturen aus, die alles tun, um uns vor weiteren Verletzungen zu schützen. Wenn wir dann später ähnlichen Situationen ausgesetzt sind – in deren Verlauf bestimmte Bedürfnisse, die wir haben, nicht erfüllt werden – oder sogar schon dann, wenn uns nur entsprechende Gedanken oder Befürchtungen überkommen, werden in uns Mechanismen in Gang gesetzt, die unsere verletzlichen Anteile schützen und uns ermöglichen sollen, trotzdem weiterhin in der Welt zu funktionieren.

Abhängigkeiten entstehen häufig schon früh aus einem Mangel heraus, nämlich dem nicht befriedigten Bedürfnis, so, wie man ist, akzeptiert und als wertvoller Mensch anerkannt zu werden. Das erzeugt einen tiefen Schmerz, der oft auch mit Scham verbunden ist. Wenn ein grundlegendes Bedürfnis unbefriedigt bleibt, prägt uns das im Allgemeinen dauerhaft – wir machen die Erfahrung eines permanenten Schmerzes, der im Englischen als »frozen need«, »eingefrorenes Bedürfnis«, bezeichnet wird. Dieser stets latent vorhandene Schmerz kann jederzeit wieder aktiviert werden. So ist bei Kindern, die Missbrauch erlebt haben, nachweislich die Tendenz zu Sucht- und Abhängigkeitsverhalten – sei es auf körperlicher, emotionaler oder spiritueller Ebene – erhöht. Zudem wurden bei ihnen Gewebe- und Nervenschädigungen im Gehirn festgestellt, ebenso ein Mangel an bestimmten Botenstoffen, darunter diejenigen, die Freude, Motivation und Optimismus vermitteln (Serotonin, Dopamin, Endorphine). Es ist nur logisch, dass davon Betroffene nach Mitteln suchen, um ihre unerfüllten Bedürfnisse doch noch zu befriedigen, sei es durch Essen, Alkohol, Drogen, Nikotin, Arbeit, exzessives Sporttreiben, sozialen Rückzug, emotionale Abhängigkeit …

All diese Strategien sollen dazu dienen, eine existenzielle Leere zu füllen, die entsteht, wenn wir nicht genug Liebe, Wärme und Zuwendung erfahren haben. Sie zielen darauf ab, uns Schmerz zu ersparen, der entweder mit »eingefrorenen« oder chronisch unbefriedigten Bedürfnissen einhergeht. Fakt ist aber, dass es schwierig ist, in der Gegenwart – in der in erster Linie die Befriedigung

unserer momentanen Bedürfnisse ansteht –, nachträglich eines unserer »eingefrorenen« Bedürfnisse zu erfüllen oder ein damit zusammenhängendes Leid aufzulösen. Abhängigkeiten führen in der Regel dazu, dass uns unerfüllte Bedürfnisse für kurze Zeit weniger bewusst sind (was zwar im Augenblick eine Entlastung sein kann, aber das Grundproblem nicht löst); gleichzeitig lassen sie das sowieso geringe Selbstwertgefühl der Betroffenen im wieder nüchternen Zustand noch weiter sinken. Dazu kommt, dass ein Suchtmittel oft – kurzfristig – mehrere Bedürfnisse auf einmal erfüllt. Beispielsweise kann uns Alkohol entspannen, kontaktfreudiger machen, unser mangelndes Selbstwertgefühl verdecken und unsere Schamgefühle verringern – einschließlich der Scham aufgrund der Sucht. All das hält einen Teufelskreis in Gang, aus dem die Betroffenen nur schwer wieder herausfinden.

Tatsache ist, dass eine kurzfristige Erleichterung durch ein Suchtmittel die Situation langfristig verschlimmert. Doch leider ist es die einzige uns bekannte Strategie, die mehrere Bedürfnisse gleichzeitig erfüllt.

Zur dauerhaften Auflösung eines Traumas müssen wir neue neuronale Verschaltungen in unserem limbischen System, der Gehirnregion, die für die Verarbeitung von Emotionen zuständig ist, schaffen. Das geschieht mithilfe von Therapien, die von entsprechend ausgebildeten Therapeuten durchgeführt werden. Aber wir können auch auf eigene Faust etwas dafür tun, unser emotionales Gedächtnis zu verändern: durch Selbstempathie, Selbstmitgefühl und indem wir die erwünschten Bewusstseinsqualitäten und die damit verbundenen Gefühle praktizieren.

Wichtig ist, dass wir lernen, die lebendige Energie der Bedürfnisse, die in unserer Kindheit nicht befriedigt wurden, in unserem Körper so zu spüren, als seien sie erfüllt. Wenn unser Gehirn registriert, wie es sich anfühlt, wenn bestimmte Bedürfnisse befriedigt sind – was es ja bisher nicht erlebt hat –, bilden sich neue Nervenbahnen, die nach und nach bewirken, dass wir uns aus einer Abhängigkeit lösen können. Ganz entscheidend dabei ist, dass wir parallel zu dieser Arbeit an unseren Emotionen im Alltag Gewohnheiten etablieren, die uns helfen zu lernen, die betreffenden Bedürfnisse auch anders zu befriedigen als durch ein Suchtmittel.

Übung: Erste Schritte, um sich von einer Sucht zu befreien

1. Verbinden Sie sich mit der Energie der Abhängigkeit. Stellen Sie sich vor, Sie kämpfen mit Ihrer Sucht, und fragen Sie sich: *Wie fühlt sich das an, was sich in meinem Körper abspielt, kurz bevor ich zu meinem üblichen Suchtmittel greife? Was sagt mir meine Körperweisheit? Woher kommt dieser Drang in mir, etwas befriedigen zu müssen?* Erlauben Sie sich, mit der Energie und dem Drang Ihrer Sucht in Kontakt zu treten. Das geschieht nicht über Gedanken, sondern über Gefühle.

2. Zeichnen Sie zwei Spalten auf ein Blatt Papier: eine für die Bedürfnisse, die durch die Sucht befriedigt werden, und eine für die Bedürfnisse, die die Sucht nicht erfüllt.
Schreiben Sie alle Bedürfnisse, die in Ihnen auftauchen, auf. Die Spalten sind vollständig, wenn Sie eine Art inneres **»Ja«** spüren.

3. Finden Sie die tieferen Wünsche heraus, die sich hinter den unerfüllten Bedürfnissen verbergen.

Beispiel: Bei Alkoholsucht könnte das dabei herauskommen

Befriedigte Bedürfnisse: Wärme, Feiern, Entspannung, Leichtigkeit, Kontakt, Ungezwungenheit usw.
Unbefriedigte Bedürfnisse: geistige Klarheit, Entscheidungsfreiheit, Sicherheit, Gesundheit, soziale Verbundenheit …
Tiefere Bedürfnisse, die ausgehend von den unbefriedigten Bedürfnissen zum Vorschein kommen: Hat man Entscheidungsfreiheit, befriedigt das ein Bedürfnis nach Selbstachtung. Ist Selbstachtung vorhanden, erfüllt das ein Bedürfnis nach Entspannung und sozialer Integration, was wiederum die Lebensfreude erhöht – man freut sich seines Daseins.

4. Nehmen Sie sich Zeit, die Gefühle gegenüber jedem der in den zwei Spalten notierten Bedürfnisse zu spüren. Dieser entscheidende Schritt bringt Sie aber nur dann weiter, wenn es Ihnen gelingt, Ihre Gefühle nicht zu bewerten. Spüren Sie beispielsweise voll und ganz Ihre Freude, wenn Sie entspannt sind und feiern; ebenso wie die Besorgnis um Ihre geistige Klarheit, Ihre Enttäuschung über Ihre mangelnde Entscheidungsfreiheit usw.

Denken Sie immer daran:

➞ Sie sind ein Mensch, der stets sein Bestes tut, mit all seinen Stärken und Schwächen, seiner Erziehung, seinen Konditionierungen …

➞ Verständnis für sich selbst zu haben ist kein Ausdruck von zu großer Nachsicht.

5. Zelebrieren Sie von Herzen die Schönheit jedes Bedürfnisses, ob erfüllt oder nicht. Jedes Bedürfnis an sich ist SCHÖN – es repräsentiert das Leben! Das Problem liegt nicht im Bedürfnis, sondern darin, wie wir es zu befriedigen versuchen. Hier kommt es darauf an, die Schönheit unserer Absichten zu feiern.

6. Überlegen Sie, ob es in Ihrem Leben Orte und Tätigkeiten gibt, mit denen Bedürfnisse, die normalerweise von Ihrer Sucht befriedigt werden, ebenfalls erfüllt werden können – und zwar auf weniger destruktive Weise (ersetzen Sie also nicht einfach Alkohol durch Zigaretten!). Finden Sie heraus, wie Sie die Zahl solcher Orte und die Häufigkeit solcher Tätigkeiten erhöhen könnten.
Wenn Alkohol und Zigaretten mein Bedürfnis nach Entspannung erfüllen, wie kann ich mich dann entspannen, ohne zu trinken oder zu rauchen?

7. Wenn Sie solche Orte und Handlungen nicht finden, überlegen Sie sich andere Strategien, wie Sie Ihre Bedürfnisse befriedigen könnten.
Eine Abhängigkeit oder Sucht verschwindet nicht auf einmal, sondern sie lockert allmählich ihren Griff, wenn wir die Bedürfnisse kennen, die sie befriedigt, und lernen, ihnen auf andere Weise gerecht zu werden.

Schlüsselgedanken zu Sucht und Abhängigkeit

- Paradox ist: Wenn wir es schaffen, das Beenden unseres Suchtverhaltens nicht mehr als Synonym für Erfolg (und entsprechend das Fortführen dieses Verhaltens als Niederlage) zu betrachten, wenn wir uns also, anders ausgedrückt, in Bezug auf das Ergebnis nicht im Geringsten mehr unter Druck setzen, dann hilft uns das beträchtlich.

- Damit sich dauerhaft etwas ändern kann, ist es wesentlich, über einen Zeitraum von mehreren Wochen hinweg neue Strategien zur Erfüllung der Bedürfnisse anzuwenden, die normalerweise von der Sucht befriedigt werden.

- Diese Arbeit an uns fällt uns leichter, wenn unsere Umgebung möglichst keine Erwartungen in Bezug auf das Ergebnis hegt und uns nicht bewertet – insbesondere dann nicht, wenn unser Suchtverhalten auch ihr Leben beeinflusst.

- Wenn wir genug neue Strategien eingeführt und ausreichend unterstützendes Feedback erlebt und verinnerlicht haben, verliert unsere Abhängigkeit allmählich an Zugkraft. Vielleicht haben wir sogar von uns aus den Wunsch, eine Entziehungskur zu machen.

- Wenn es uns gelingt, bevor wir in unser Suchtverhalten verfallen, einige Minuten in uns hineinzuhorchen, dann

erhöhen wir die Chancen, etwas Distanz dazu zu gewinnen. Und wenn wir uns mit den Bedürfnissen verbinden, die momentan unerfüllt sind, hilft uns das herauszufinden, wie wir sie auf andere Weise befriedigen könnten.

Beipiel: Es ist Abend, die Kinder sind aufgedreht und wollen nicht ins Bett, Sie selbst sind müde und reizbar und denken: »Ich brauche eine Zigarette, um mich zu beruhigen.« Fragen Sie sich vor dem Anzünden der Zigarette: »Was spüre ich? Was will ich jetzt?«

Tun Sie das wenn möglich jedes Mal, wenn Sie kurz davor sind, zu Ihrem Suchtmittel zu greifen, um Ihre wahren Bedürfnisse zu klären. Fokussieren Sie sich dabei nicht auf Ihre Abhängigkeit. Nach und nach wird diese Praxis Ihren Entscheidungsspielraum erweitern. Und dann kann es sein, dass Sie hin und wieder nicht in Ihr Suchtverhalten verfallen, sondern Ihr Bedürfnis auf andere Weise erfüllen, zum Beispiel indem Sie kurz an die frische Luft gehen oder Ihrem reizbaren Teil liebevolle Zuwendung geben.
Wenn es Ihnen nicht gelingt, unmittelbar vor dem Suchtverhalten in sich hineinzuhorchen, versuchen Sie es in weniger schwierigen Momenten.

Beispiele für Süchte: Tabak, Alkohol, Drogen, Sex, Shopping, Essen, Internet, Fernsehen, Computerspiele, exzessiver Sport, Rückzug, Nicht-allein-sein-Können … Zwangsverhalten (sich 30-mal am Tag die Hände waschen; immer wieder prüfen, ob der Herd ausgeschaltet ist …)

9. Was tun, wenn man zu niedergedrückt ist, um an sich zu arbeiten oder all seine Teile ausführlich anzuhören?

Versuchen Sie es in diesem Fall mit diesen vier Tricks:

Ablenkung

Manchmal geht es uns so schlecht, dass nur noch »Beschäftigungstherapie« hilft, also etwas zu tun, um nicht in ein dunkles Loch zu fallen.

Beispiele: Sport treiben, fernsehen, arbeiten, Freunde treffen, die Natur genießen, reisen … all das kann uns helfen, wieder zurück ins Leben zu finden. Der österreichische Psychiater Viktor Frankl, der 1940 Häftling in einem Konzentrationslager war, schöpfte neue Kraft aus dem Betrachten des Sonnenuntergangs.

Mitunter brauchen wir nach einem Schock, einem traumatischen Erlebnis oder einer depressiven Phase etwas Zeit, die Dinge zu bewältigen, damit Körper und Psyche wieder ins Lot kommen.

Geben

Dazu beitragen, dass es anderen gut geht, indem man etwas von sich selbst gibt, ist äußerst hilfreich, um das eigene Leid zu relativieren und zu mindern.

Beispiel: Flüchtlingen helfen, die gerade ins Land gekommen sind.

Bitten um …

… Gesellschaft, das Zusammensein mit anderen. Manchmal braucht es etwas Mut, um Unterstützung zu bitten – aber umso wohltuender ist es, wenn man sie dann annimmt!

Beispiel: Eine(n) Freund(in) kontaktieren und vorschlagen, gemeinsam spazieren zu gehen.

Eintauchen …

… in den Schmerz, allein oder begleitet, um sich ihm uneingeschränkt zu stellen. Wenn etwas Leidvolles vollständig angenommen wird, transformiert es sich.

Beispiel: Sich an eine nahestehende Person wenden und sie bitten, Ihnen zuzuhören; sie bitten, Ihnen zu helfen, »bei dem zu bleiben, was Sie an Schwierigem durchmachen«; einfach da zu sein, ohne Ihr Problem lösen zu wollen, Sie zu trösten oder Ihnen Ratschläge zu erteilen etc. Wenn jemand einfach da ist, auch ohne etwas zu sagen, kann das den eigenen Schmerz sehr lindern.

Ich hoffe, Sie praktizieren Selbstempathie bei allem, was Sie erleben und fühlen, besonders einschließlich der angenehmen Dinge. Darum wenden wir uns nun einer sehr wichtigen Übung zu, die dazu dient, Erfreuliches wahr- und anzunehmen.

10. Erfolge und freudige Ereignisse feiern

Ich bin davon überzeugt, dass man kein schönes Leben führen kann, wenn man nicht in der Lage ist, **seine Erfolge, Freundschaften, Bindungen und Freuden zu feiern.** Ziel der folgenden Übung ist es, Ihre Nervenbahnen der Freude zu verstärken.

Wenn Sie sich Ihre Empfindungen in Momenten des Stolzes, der Freude und des Erfolgs tief einprägen, werden diese Sie in schwierigen Situationen unterstützen und stärken.

Eine Freundin, die vor einiger Zeit um eine Angehörige trauerte, war sehr unglücklich und sprach darüber oft mit den Menschen ihrer Umgebung. Dabei hatte sie sich allerdings eine inspirierende Reihenfolge angewöhnt: Sie begann damit, dass sie von schönen Momenten erzählte, die sie mit der Verstorbenen erlebt hatte, und freute sich daran; erst danach äußerte sie ihren Kummer. Und zum Abschluss kehrte sie wieder zu glücklichen Erinnerungen an die Freundin zurück.

Denken Sie an einen Ihrer Erfolge oder ein freudiges Erlebnis und notieren es:

....

Nehmen Sie sich wirklich Zeit, das Ereignis noch einmal zu durchleben. Was fühlen Sie?

....

Welche Ihrer Bedürfnisse sind erfüllt worden?

....

Feiern Sie sie von ganzem Herzen.

....

Wie fühlen Sie sich jetzt?

....

Hier einige Lebensweisheiten, über die Sie meditieren können, falls es Ihnen im Moment (noch) nicht gelingt, sich mit freudigen Erlebnissen zu verbinden. Letzteres kommt vor, und sollte es bei Ihnen gerade der Fall sein, nehme ich Sie hiermit gern in mein mitfühlendes Herz auf.

Meistens belehrt uns
erst der Verlust
über den Wert der Dinge.

Arthur Schopenhauer

Meine Leiden
bilden den Nährboden
meines Wachstums.

Es steht mir frei,
gute Miene zum bösen Spiel
zu machen.

11. Zu guter Letzt: sich dem Selbst zuwenden

Dieses Selbst, dieses **Ich**, das allen Menschen gemeinsam ist und in dem unsere wahren, tiefsten Gefühle und Gedanken aufkommen – was ist das eigentlich? Woraus besteht es? Um das herauszufinden, genügt es wiederum, in sich hineinzuhorchen und in das **Selbst**, die **»innere Giraffe«** einzutauchen.

Beginnen Sie damit, dass Sie denken oder sagen: **»Es ist mir bewusst, dass …«,** und dann das ergänzen, was Sie momentan bewusst wahrnehmen.

Beispiel: Es ist mir bewusst, dass ein Teil von mir zornig, verzweifelt etc. ist.

Sagen Sie dann im nächsten Moment **»Es ist mir bewusst«,** aber diesmal, ohne den Satz zu ergänzen. Wesentlich ist hier, dass Sie sich auf das **»Es ist mir bewusst«** ausrichten und nicht auf das »zornig, verzweifelt …«.

Gelassenheit finden wir im Selbstmitgefühl und auch darin, uns einfach **»Dem«** zuzuwenden, das alles weiß und umfasst. Und dieses Allumfassende ist unsere **innere Giraffe,** unser **Selbst**, unsere **Quelle**.

Dieses einfache **»Es ist mir bewusst«** nimmt sich Ihrer Traurigkeit, Ihrer Verzweiflung etc. an.

> Ich bin »Das«, dem bewusst ist,
> dass ich bewusst bin.
>
> Rupert Spira

Viel Glück auf dem Weg zu Ihrem großartigen Selbst!

Bibliografie

Earley, Jay: Meine innere Welt verstehen: Selbsttherapie mit Persönlichkeitsanteilen. Mit einem Vorwort von Richard C. Schwartz, Begründer der IFS-Therapie. München: Kösel 2014.

Schwartz, Richard C.: IFS – Das System der inneren Familie. Ein Weg zu mehr Selbstführung. Hrsg. von IFSSM Europe e. V., Norderstedt: BoD 2008.

Schwartz, Richard C.: Systemische Therapie mit der inneren Familie (Leben lernen). Stuttgart: Klett-Cotta 2016.

Gefühle, die wir haben, wenn unsere Bedürfnisse befriedigt sind

abenteuerlustig, amüsiert, angeregt, aufgemuntert, ausgeglichen, befreit, befriedigt, begeistert, bewegt, bezaubert, dankbar, draufgängerisch, dynamisch, elektrisiert, empfänglich, empfindsam, energiegeladen, engagiert, enthusiastisch, entlastet, entschieden, entspannt, erfreut, erholt, erleichtert, erstaunt, fasziniert, frei, freudig, friedfertig, frisch, frohgemut, fröhlich, gebannt, geborgen, gelassen, gelöst, genährt, gerührt, geruhsam, geschützt, glücklich, gut drauf, harmonisch, heiter, hin und weg, hingerissen, hoffnungsvoll, in Sicherheit, inspiriert, interessiert, jemandem nah, konzentriert, lebendig, leicht, leidenschaftlich, locker, mitfühlend, mitgerissen, motiviert, munter, mutig, neu belebt, neugierig, offen, optimistisch, regeneriert, ruhig, sanft, satt, schelmisch, selbstbewusst, sensibilisiert, sicher, sorglos, sprühend, stark, stimuliert, stolz, strahlend, tief berührt, überschäumend, übersprudelnd, ungezwungen, vergnügt, voller Bewunderung, voller Liebe, vom Hocker gehauen, wach, warmherzig, weit und offen, wohlbehalten, wunschlos glücklich, zentriert, zufrieden, zugehörig, zuversichtlich.

Gefühle, die wir haben, wenn unsere Bedürfnisse nicht befriedigt sind

allein, am Ende, angeekelt, angeschlagen, angespannt, angstvoll, apathisch, argwöhnisch, aufgewühlt, aus dem Gleichgewicht, aus der Fassung, außer sich, bedrängt, bedrückt, bekümmert, beschämt, besorgt, betroffen, betrübt, beunruhigt, blockiert, brummig, dem Zusammenbruch nahe, deprimiert, desorientiert, distanziert, durcheinander, durstig, einsam, eisig, entfremdet, entmutigt, enttäuscht, ernüchtert, erschöpft, erschreckt, erschüttert, fassungslos, frustriert, furchtsam, gekränkt, gelangweilt, genervt, gequält, gereizt, gestresst, gleichgültig, hektisch, hilflos, hin- und hergerissen, hoffnungslos, hungrig, in der Defensive, irritiert, konfus, konsterniert, kopflos, kummervoll, leer, matt, melancholisch, misstrauisch, mitgenommen, müde, mürrisch, mutlos, nervös, niedergeschlagen, ohne Elan, ohnmächtig, peinlich berührt, pessimistisch, ratlos, resigniert, ruhelos, schläfrig, schockiert, schwach, skeptisch, traurig, trübe, überanstrengt, überfordert, übersättigt, überwältigt, unbefriedigt, unbehaglich, unentschieden, ungeduldig, unglücklich, unruhig, unsicher, unwohl, unzufrieden, verängstigt, verärgert, verbittert, verdattert, verdrossen, verkrampft, verlegen, verletzt, verloren, verstimmt, verstört, verunsichert, verwirrt, verzweifelt, voller Vorbehalte, wie vor den Kopf geschlagen, wirr, wütend, zerbrechlich, zermürbt, zerrissen, zögerlich, zornig, zweifelnd, zwiespältig.

Begriffe, die vermieden werden sollten

Sie verbinden ein Gefühl mit einem Urteil über andere oder über sich selbst:
abgelehnt, abgewertet, angefeindet, angegriffen, ausgebeutet, bedrängt, bedroht, beiseitegeschoben, belagert, belästigt, beleidigt, benutzt, beschmutzt, beschuldigt, besiegt, betrogen, blöd, dominiert, dumm, durcheinander, eine Niete, eingesperrt, erbärmlich, erniedrigt, erwischt, fallen gelassen, gedemütigt, gefangen, gehasst, genötigt, gerügt, gezwungen, herabgesetzt, hereingelegt, ignoriert, in die Enge getrieben, in Verruf gebracht, inkompetent,

isoliert, jämmerlich, kleingemacht, kritisiert, lächerlich gemacht, manipuliert, missbraucht, nicht akzeptiert, nicht gehört, provoziert, schäbig, schlecht behandelt, schuldig, traktiert, übers Ohr gehauen, übersehen, unerwünscht, unfähig, ungeliebt, unter Druck gesetzt, unterdrückt, unverstanden, unwichtig, unwürdig, verachtet, verfolgt, verlassen, verletzt, verleumdet, vernachlässigt, verspottet, verstoßen, wertlos, zum Narren gehalten, zweitklassig.

Einige Grundbedürfnisse

Subsistenz (Selbsterhalt): Atmen, Trinken, Essen …
Sicherheit: emotionale und materielle, Halt und Geborgenheit, Unterstützung, Fürsorge …
Freiheit: Autonomie, Unabhängigkeit, Spontaneität, Wahlfreiheit in Bezug auf die eigenen Träume, Werte, Ziele …
Hobbys: Spaß, Spiel …
Identität: Einklang mit den eigenen Werten, Selbstbehauptung, Zugehörigkeit, Authentizität, Selbstvertrauen, sich selbst und andere respektieren und achten, Weiterentwicklung, Integrität …
Teilhabe/Partizipation: Zusammenarbeit, Verständigung, Verbundenheit, sich äußern können, wechselseitige Abhängigkeit, zum Wohlbefinden und zur Entfaltung anderer und seiner selbst, seines Lebens beitragen …
Beziehungen: Akzeptanz, Zugehörigkeit, Aufmerksamkeit, Gemeinschaft, Gesellschaft, menschliche Wärme, Ehrlichkeit, Aufrichtigkeit, Respekt, Zärtlichkeit, Vertrauen, Kommunikation, Harmonie, Trost …
Selbstverwirklichung: Selbstausdruck, Entwicklung, Lernen, Realisieren des eigenen Potenzials, Kreativität …
Sinn: Klarheit, Verständnis, Einsicht, Orientierung, Bedeutung, Transzendenz, Einheit, Sinnhaftigkeit …
Das Leben zelebrieren: Zu schätzen wissen und genießen, Teilen von Freude und Leid, Rituale, Dankbarkeit …
Spiritualität: Schönheit, Inspiration, innerer Frieden, Transzendenz …

DAS KLEINE ÜBUNGSHEFT

Willkommen in der Bibliothek der guten Gefühle

Entdecken Sie viele weitere Themen aus der charmanten Bestseller-Reihe.

Abonnieren Sie unseren Newsletter und erhalten Sie die aktuellsten Informationen aus den Bereichen Lebenskunst, persönliche Entwicklung, Erfolg und Sexualität.

Einmal pro Woche stellen wir Ihnen eines der **kleinen Übungshefte** mit einer Übung der Woche genauer vor.

Alle Hefte können Sie – innerhalb Deutschlands versandkostenfrei – direkt auf der Website bestellen.

www.die-kleinen-uebungshefte.de

TRINITY